J. Setta

PEITO

Aberto

J. Setta

PEITO

Aberto

PandorgA
2014

Esta é uma obra de ficção. Nomes, personagens, acontecimentos e lugares descritos nesta historia, são produtos da imaginação e conveniência do autor. Qualquer semelhança com nomes, datas e acontecimentos reais é mera coincidência.

Coordenação Editorial **Silvia Vasconcelos**
Preparação **Project Nine**
Projeto gráfico e Diagramação **Project Nine**
Capa **Project Nine**

Texto de acordo com as normas do Novo Acordo Ortográfico da Língua Portuguesa (Decreto Legislativo nº 54, de 1995)

Dados Internacionais de Catalogação na Publicação (CIP)
(Câmara Brasileira do Livro, SP, Brasil)

Setta, Josué
Peito aberto / Josué Setta. -- Carapicuiba, SP : Pandorga Editora e Produtora, 2014.

1. Poesia brasileira I. Título.

14-04440 CDD-869.91

Índices para catálogo sistemático:
1. Poesia : Literatura brasileira 869.91

2014
IMPRESSO NO BRASIL
PRINTED IN BRAZIL
DIREITOS CEDIDOS PARA ESTA EDIÇÃO À
EDITORA PANDORGA
Avenida São Camilo, 899
CEP 06709-150 - Granja Viana - Cotia - SP
Tel. (11) 4612-6404
www.editorapandorga.com.br

INTRODUÇÃO

A poesia está em tudo, impregnada no existir de cada um como a lhe conferir um cheiro, um sabor, um atributo qualquer. Ela está em nós em cada ato e em cada fato dessa condição inescapável do ser. Aquele que existe faz poesia, ainda que não tenha consciência que ela lhe brota das vísceras, que lhe sai pelo peito, pelo suor e pela respiração!

Porque viver é só viver e nada mais. É uma condição. E somos nós que emprestamos ao viver o sentimento e a emoção. Sem isso, viver seria ato insosso de cumprir o ciclo de nascer, crescer e morrer. Mas não! Procuramos dar sentido às coisas, quando, na verdade, as coisas não têm sentido algum. Apenas são.

Afetamos, somos afetados, damos afeto. A chegada é um encontro, a partida uma despedida, o abraço um aconchego, o beijo uma sensação. Sentir mexe com o corpo, com a mente, nos faz sorrir e chorar, sofrer e amar.

E a poesia é isso. Um ato de olhar encharcado de sentimentos, que nos faz transformar um simples momento em um registro eterno. Que dorme em nossa lembrança, e por vezes transborda em manifestos incontroláveis, como uma lágrima, um franzir da face, um palpitar no peito ou um juntar de palavras.

As palavras são os manifestos escritos das emoções contidas. Cada poesia tem uma história que a alimenta para que o poeta lhe dê vida em rabiscos. Todos fazem poesias embora nem todos as rabisquem.

Sendo todos poetas, de alguma forma cada um dá expressão aos afetos, que emprestam sentido à vida, que não tem sentido algum. É isso!

Nas páginas seguintes contam-se histórias, portanto. Fatos carregados de afetos. Uma cena guarda uma poesia quando é olhada com sentimento. Um ambiente qualquer pode estar carregado de sentidos, a depender do nosso olhar. O amor em si é sentimento. O desfazer também. A mesma cena de sexo, um êxtase ou ato vulgar, basta mudar o olhar.

Entender o outro é poesia, quando tentamos perceber seus sentimentos.

Nas *poesias* que se seguem, me encontrarão homem, mulher, dócil, viril, sensível e transgressor. Como é a vida. Uma busca, repleta de papéis vividos por cada um, em cada momento, em cada tormento, em cada perceber, em cada prazer e cada sofrer. Assim é que somos seres errantes de sentimentos, emprestando à vida centelhas da nossa alma. Mutantes, errantes, estamos sempre a fazer poesias. Basta buscar em si que as encontrarão. Eu as busquei em mim.

As *cartas poéticas*, apresentadas em seguida dos poemas, procuram mostrar aos leitores exatamente isso. Que as poesias nascem de uma cena, uma razão, um fato, uma história, que podem ser traduzidas em palavras e, que não descrevem as cenas, histórias, fatos ou razões, mas sim os sentimentos impregnados nestes. É quando fala o poeta!

As *cartas poéticas* mostram situações que levam uma pessoa comum a encontrar o poeta que dorme em si seja em prosa, seja em versos. No diálogo imaginário com o personagem Mio Zoé, diferentes interlocutores falam de fatos e de suas vidas e compartilham intimidades. Do afeto que os une, pode desaguar um poema que encerra a missiva. Assim, as cartas relatam um cotidiano que, quando sentido com intensidade, transforma-se em poesia. É uma forma de mostrar a fonte de inspiração que se traduz no poema.

Por isso, somos todos poetas, a cada momento, buscando rimas possíveis, sons que nos agradem, sentidos ocultos em metáforas, entrelinhas, frases difusas. Tudo para convidar o leitor a emprestar ao poema sua própria interpretação. Procurando deixá-lo tomar para si aquelas palavras, ver-se nelas, encaixar seus sentimentos ali, e com isso dar ao autor desta obra o prazer de sentir-se útil, ao traduzir, acolher ou despertar o afeto alheio.

Boa leitura!

J. Setta

Poemas

Natureza do ser

Doce poesia no ar
Perfume no respirar
Aqui, ali uma estrela
Onde queria estar

Leve sopro de vento
Que carrega meu tormento
Lua que ilumina
Meu incerto caminhar

Sombra que me persegue
Que não me consegue largar
Esse sol que encandece
E o suor que faz molhar

Verde que embaça
O ver-te no meu olhar
A natureza que me engole
Que não me deixa pensar

Que pouco sou quase nada
Nesse universo sem fim
O tolo que pensa saber
A razão que existe em mim

Mas nesse mundo sou pó
À mercê de minhas crenças
Um pobre ser que imagina
Agir conforme pensa

O silêncio das palavras

Quando as palavras perdem o sentido
E os sentidos por elas falam
O que se diz silencia
E o silêncio se declara

O corpo dói
A alma chora
E mesmo estando presente
Percebe-se estando fora

Não se encontra remédio
Na mão que nos consola
Não se encontra amor
No amor que se enamora

Assim é o amargo
Do doce sabor de outrora
A alegria fugidia
Quando a paz vai embora

Hedonista

Quero viver a luxúria
Esquecer as lamúrias
Escalar a cascata dos prazeres

Beber o leite que verte
Do teu peito que diverte
O meu sem fim de prazer

Engasgar meu riso em teus cabelos
Fazer suarem teus pelos
Lambuzar-me em teu sumo sosso

Recostar-me em teu dorso
Suavemente modelar teus quadris
Acariciar nos dedos o rasgo do teu prazer

Quero rir de gargalhar
A alegria sem fim
De dormir ao lado do meu sonho

Quero que sejas real
Amar-te animal
Em puro desejo

Tomar do vinho
Comer das frutas
Banhar-me nas essências

Beijar-te longamente
Os lábios molhados de lamber
Apaixonar-me um minuto sem temer

Depois partir
Ir-me embora
Cansado do teu prazer

Sem saber se a verei novamente
Sem saber se vais recordar
E ainda assim ser feliz

O caçador

Quando te espreito em meu bote
Meu olho de coiote
Minha asa de águia
Meu bico de carcará

Imagino o prazer
De percorrer teu corpo
Invadir tua alma
E completamente te amar

Ver-te me instiga o prazer
Teu jeito formoso de ser
O ar da graça
O gosto da caça e do querer

Não te esqueço um segundo
E ainda que não saibas
Acompanho-te sempre
No teu refúgio, no teu silêncio, no teu
simples viver

E vivo contigo um tempo
Bruxo sorrateiro
Estudando-te as fraquezas
Para meu bote certeiro

Até fazer-me por fim caçador
Tomar-te o coração sem pena
Roubar tua alma
E te fazer de mim prisioneira

Para depois te encher de prazer
Saborear tua carne, lamber teu pelo
Envolver-te em meu leito
Até deixar-te cansar

Assim eu sou quando me tomo
Esse demônio caçador
Demônio, doce, demônio
No inferno do amor

Dama da noite

Dorme no meu colo
Em profundo sono vadio
A dama da minha noite
Que alguém, um mais valente, insiste em
tomar de mim

Ela me quer só em parte
Na arte do bem fazer
O prazer que a carne arde
Que não me deixa esquecer

De mim faz o que quer
Tonto em minha paixão
E se o prazer lhe aprouver
Rouba minha solidão

Conta-me casos e ri
Faz juras
Cura minhas feridas
Lambendo-as com longos beijos

A dama da minha noite é assim
De mim faz o que quer
E eu a tomo nos braços
Grato por seu prazer

Esta noite ela não veio
Não sinto seus seios em mim
Sem carícias ou seus lábios
Há um vazio sem fim

Mas é assim a minha dama
Da noite de todos, enfim
E eu a espero ansioso
Cansada dormindo em mim

A casa das ladainhas

Na casa das ladainhas
Mulheres a rezar
Por filhos, homens e netos
Promessas há que pagar

Agradecer sofrimentos
Pecados expurgar
Mães de mães solteiras
Maridos implorar

Mirradas velas derretidas
Dedos de cruzar
Súplicas de sussurros
Deus, ó, Deus! Onde estás?

Na casa das ladainhas
Nas sombras que dançam com o vento
Penumbra de convento
Pecados a confessar

Fantasmas de cortina
Na sala a balançar
Na casa das ladainhas
Das mulheres a rezar

Negros vestidos negros
O terço pendular
As corcovas das mulheres
Ladainhas a rezar

Aves e Ave-Marias
Que Deus nos queira perdoar
Na casa das ladainhas
Não deixarei de pecar

Diálogo

Às vezes falo com Deus
Conversamos sobre coisas comuns
Dos homens e da terra

Conto casos e histórias
Que O fazem se divertir
E também Lhe falo segredos meus
Que a outros não ousaria contar

Ele me diz coisas dos céus
Sobre os anjos
Sobre as estrelas
E sobre os santos

Por vezes me repreende docemente
Aconselha-me e orienta

Quase sempre nos divertimos muito
E quando Deus se põe a sorrir
Alegro-me por Vê-lo contente

Eu O invoco com preces
Dessas que aprendi a rezar
E me despeço com pedidos

Vejo-O tal como um dia me descreveram
Embora não seja capaz de recordar de seus
traços, nenhum sequer
E ainda assim me é íntimo

Ele tem uma imagem difusa
Embora doce, embora alegre
Embora seja Deus

Descobri que não sabe de tudo, como
disseram
Ou, se sabe, recusa-se a me contar algumas
Faz segredos para mim
E existem coisas que continuo sem
compreender

A crueldade dos homens
O sofrimento dos amantes
A incompletude ansiosa
O medo da morte
A razão do viver

Mas se fosse Deus um dia
Seria como Ele
Deixaria coisas na mais profunda
incompreensão

Se nenhum segredo existir...
Buscar para quê?
Não há razão!

Vadio

Quero te agradecer a luz
O filho
O fio que me conduz

A gentileza da tua beleza
A âncora que me pus
Meu cais

Emprestar-te meus lençóis
Desculpar-me eternamente
Por minha vida vadia

Poder explicar-te um dia
Quem sabe
Meu constante vagar sombrio

Forças que dominam
As curiosas razões
Que fazem de mim um perdido

Alma que voa em vão
Que retorna quase sempre
Sem vontade de perdão

E ainda assim me acolhes
Tantas vezes, tantas vezes
Sem entender-te a razão

Mas que razões tem quem padece
Nos mares da paixão?
Se pelo menos soubesse...

Existencial

A morte é fêmea
A vida efêmera
Teu ventre a porta do prazer

Teu falar me assusta
Teu ruído é música
Teu gemido, meu querer

Vejo-te na sombra
Sinto-te pelos meus atos
Possuo-te pelo tato, olfato, pelo lamber

Morte, vida e prazer
Dúvidas que corroem
As angústias do ser

Perguntas que insistem
Existir sem entender
Coisas de se deixar e simplesmente viver

Cada qual o seu momento
Cada um o seu tormento
Nada há que se fazer

Diante de nossa existência
Que nos impõe sem clemência
O fatalismo de ser

Paz

Sou sossego
Sono e sombra
Silêncio, som da natureza

Sou paz
Luz fugaz
Raio de sol no amanhecer

Sou lua
Nuvem, vento e brisa
Mar de ondas preguiçosas

Sou inverno, verão
Outono e primavera
Flor e folhas no chão

Sou compreensão
Sou eu
Hoje e talvez sempre

Não olho atrás
Não me atrai
Pois sou sossego e paz

Sou velho e criança
Porvir e lembrança
Sou tudo e nada mais

Sossego, sono, sombra
Paz, luz, amanhecer
Sou meu querer

Inverno ou verão
Qualquer estação
Sou flor e folhas no chão

Sou síntese e razão
Choros, sorrisos, emoção
Sou paz... finalmente

O fim

Sou absolutamente incapaz de te amar
De te tocar, sorrir e acariciar

Sei apenas fazer-te chorar, eu sei
Sofrer
Deixando de te querer
Esquecendo de te amar

Quisera guiar meus sentimentos
Retribuir teu ninar
Teu jeito de querer
Desperdício em me amar

Quão sem sentido me faço
Se em quem eu me desfaço
É a quem me quero dar
E em quem tanto colhi
Não me disponho plantar

Perda que me sofre
Meu não saber desaguar
Esse mar de sentimentos
Que não consegue espraiar

Minha baía sem vento
Meu barco
Meu tormento
Meu não saber navegar

Velas soltas ao tempo
Que insiste em não ventar
Meu sentimento à deriva
Incapaz de te amar

Incompreensão

Que estranhos atalhos faz a vida
Se na busca do calor dos agasalhos
Aqueço-me em ti despida?

Que estranho encontro me reserva
Se o direito de ter quem me preserva
Rouba-me na fuga que me obriga?

Que tanta incoerência te explica
Se me dás o que me tomas
Se fazes a paz fugaz?

Se no sono que me embala
Tu me acordas e desperta
Na fuga urgente que abomino?

Não...
Entender-te não sou capaz!

Mutante

Há momentos que me faço pedra
Às vezes frio
Às vezes guardo calor

Torno-me tão imensamente pesado
Que a ninguém é dado o poder de me levantar

Meu peso me faz estático
E ainda que não me mova,
que não mude de lugar
Não deixo raízes na terra

Sou simplesmente uma pedra e nada mais

Em outros momentos me faço mar
Sedutor, acolhedor e perigoso a um só tempo

Capaz de trazer a paz e o silêncio
De embalar sonos no meu balançar
Ou de me zangar ainda
Tornando-me revolto, indomável

Em minhas espumas, então, ofereço incertezas
Porque sou mar...
Simplesmente mar

E sou nuvem também, algumas vezes
Plástico, leve e multiforme

Brinco de deixar passar a luz do sol e ver o céu

Modifico-me tanto
Que só me podem admirar uma vez
Porque depois sou diferente e outro,
outro e outro

E quando sou nuvem também me aborreço
Escondo o céu e mudo as cores do mar

Faço então chorar o tempo
Em chuva que lava o ar
E depois desapareço até me fazer de novo

E assim eu sou
Porque sou nuvem... simplesmente nuvem

E assim eu sou muitas coisas
Sempre mutantes, todas elas

Porque sou humano
Às vezes bom
Às vezes mau

Amante e desamado
Paixão e renegado
Feliz, desapontado

E assim sou eu
Porque sou humano
Simplesmente... humano

Desmedido querer

Quero te dar a luz
Poupar-te a cruz
O teu caminho guiar

Emprestar-te meu peito
Aquecer o leito
Ajudar-te a sonhar

Porque te amo muito
E me afundo no erro
De me tornar possessivo

Mas quero te ver em paz
Quero ser teu parceiro
Sentir teu cheiro
Impregná-lo em mim

Quero tomar juízo
Não depender de ti
Para que minha ausência
Seja presença em ti

Não quero ser tua sombra
Não quero imitar-te o gesto
Não quero comer teu resto
Quero saborear-te em mim

Mas tua ausência assusta
O meu querer de carência
Essa paixão sem fim
Essa dupla existência em que te transformo
em mim

O que há de entender

Hoje percebo o fim
Da carne em mim
O não do sim
Ao dar-te um adeus solene

Sem compreender o porquê
De transformar em ilusão
Um leve sopro em aragem
Vento forte em tufão

Crendo ser um ser eterno
Sempre buscar razão
No que é fortuito e pequeno
Achar a imensidão

O erro de pensar
A existência sem fim
O caminho a percorrer
A estrada sem chegar

E até o terminar
Do breve passeio em mim
Não consegui enxergar
Que o cais é começo e fim

Sublime ridículo

Nada há de mais sublime que a paixão
Saber que existe a razão
E simplesmente não a usar

Fingir que existe metade
Que encontrou a verdade
Mesmo sabendo se enganar

O sublime do ridículo
O amor apaixonado

O recato fingido
O devasso controlado

O dono do livre-arbítrio
Na submissão acatada

Entregar-se por completo
No voo dos sentimentos

Submeter-se aos riscos
Aos profundos sofrimentos

Para poder viver
Para encontrar razão

Nos atos do querer
De quem não vive em vão

E nada há que fazer
Amar e ter paixão

Submeter-se ao ridículo
De quem olha com a razão

Última cena

Com um simples olhar
Disse-lhe quase tudo
Restando apenas uma ponta de verdade crua

Sem me ouvir ela soube que ia partir

A dor dispensa palavras
Não carece verdade dita
A sentença final

Seu olhar fugiu de mim escorregando ao nada

Nada me pediu
Também nada me falou
Apenas se retirou de mim

No diálogo do nada me devolveu o silêncio

Como fardo pesado
Eu o pus às costas
Como pesa o silêncio!

Foi o castigo a que me relegou

Não houve uma justificativa
Um argumento sequer
Apenas nos desfizemos um do outro

E nunca mais nos vimos

Duelo

Quando o lobo da morte vem lamber-me a face
Cruel e sem disfarce
Eu o enfrento no agouro

Monstro de passos lentos
Sombra das sombras
Recua em revés
Quando resolvo enfrentá-lo

Ele sabe do meu medo
Do asco de tocar-lhe o pelo
Da pergunta essencial
Por que eu?

Sabe de tudo e ainda assim se chega
Como buscando aconchego
Falando de sossego
Tentando me seduzir

Mas me teme voraz
Daquilo que sou capaz
Quando na porta do desespero
Meu rosnar se agiganta

Tomo minha espada e mostro-lhe os fios
Disposto a enfrentar o desafio
Lobo, covarde lobo
Também se vê por um fio

E dessa vez foge
Do meu silêncio frio
De quem venceu o desafio
Com o rosto molhado de suor

Mas o lobo um dia volta
Faminto a me buscar
Quando me faltarão forças
Quando vou, por fim, me entregar

Sensível

No violino que há em mim tocam os anjos
Do bem ou do mal
Mas os anjos

De dedos suaves
De asas e plumas
De pontas e facas
Os anjos

Com eles eu convivo
Domado
Por fatos, razões, paixões
Desgoverno, emoções

Pois nos anjos repousa meu eu
Meu som
Minha vibração
Meu querer e desquerer

Toca-me, pois, a fundo
Com doce ou compaixão
Quando me fazem vibrar por eles
Acordes de suas canções

Momentos

Preciso de meia dúzia de momentos a sós
Viver a noite a meu jeito
Deixar seu corpo repousar em paz

Procurar meu próprio prazer
Mais que tudo
Reencontrá-lo em mim

Caminhar anônimo
Olhar atônito
Ver o que se faz

Observar as pessoas
Seus modos, seus mundos
Sempre a distância de mim

Preciso fugir de tudo
Estar mudo
Escutar o silêncio profundo

Buscar a simplicidade da essência
Descobrir... quem sabe
O que fiz de mim

Preciso de meia dúzia de momentos
Só
Para mim

Fosse eu teu amante preferido
Dar-te-ia dois dedos de prosa ligeira
Ao despertares preguiçosa, na manhã

Olharia em silêncio
Teus primeiros gestos do dia, lentos,
Sentindo o aroma do café

Passaríamos a manhã ao nada
Fazendo coisas de carícias
Nada mais

Mais tarde comeríamos contentes
Entre sorrisos, brindes, brincadeiras
Saciando a fome que não é paixão

Na sesta
A brisa suave
A te fazer cafuné maldoso
Passearíamos pela tarde
Com os dedos misturados
Entre folhas e galhos caídos,
deitados pelo chão

À noite te acolheria em meus braços
Aqueceria teu frio
Afugentando os monstros,
protegendo-te da escuridão

Por fim começaria a te amar a carne
Acariciando por sobre o cetim
Até apontar-me os seios, dizendo-me que sim

Só depois deixaria cair os teus panos
Trazendo à mostra teu corpo
Resguardado por pequeno véu transparente

Caminharia, então, por ti, com minha boca
Até contornar-te as coxas, arrepiar-te os pelos
Tateando teu prazer

Por fim rasgaria teu véu
Fazendo-te sentir meu pulsar
Ao cavalgar-te docemente

Para que nunca mais me esquecesse
Por toda a tua vida...
Fosse eu o teu amante preferido

Medida certa

Tudo que excede transborda
E a essência do que completa
É a mesma que se esvai

Pois a vida é dose certa
No ter e no doar

Um copo na medida
Da sede que deve matar

Uma tragada profunda
Fumaça e rabiscos no ar

A dose justa do prazer
E da dor que se pode aplacar

Vontade de não ver
Desejo de encontrar

A compulsão pelo ter
O que não me deve sobrar

A busca do meu querer
O tamanho do meu perdoar

Aquilo que pode ser
Sem conseguir me matar

Desperdício

Só estarei integralmente contigo
Na tua ausência

Hoje estou com tuas imperfeições
Cego no cego viver

E escapam-me as tuas doçuras
As tuas ternuras

E não estou com todo teu ser
Tenho-te em parte, apenas

Esse é o pobre viver
Que vive e não convive, olha e não vê

Desperdício imperdoável
De ter e de não ter

Porque só estarei integralmente contigo
Na tua ausência, eu sei

E este é o meu sofrer
Quando nada mais haverá a fazer

Quando arrependido estarei
Por não ter sabido dar na justa medida
do teu querer

Rebeldia

Estou disposto a não falar só verdades
A não controlar maldades
Deixar de ser vigia de mim

Não cuidar do alheio
Não cultivar concórdia
Não fazer só o bem

Deixar minha alma fluir
Libertar-me dos controles
Não fazer censura de mim

Deitar-me com quem quiser
Doar-me se eu puder
Esquecer-te sem me culpar

Poder negar a Deus
Renegar a fé
Dar de ombros para os castigos

Quero deixar de temer
Ganhar e perder
Sempre recomeçar

Não quero acumular riqueza
Viver do que puder
Pedir a quem me der

Não quero deixar saudades
Não quero viver no vazio
Quero ser o que se é

Hipócrita, vilão,
Herói, covarde,
Homem bom

Ser apenas mais um animal
No cenário da natureza
Viver no prazer dos instintos

Nessa selva soberana
Rural, urbana
No cinza, no verde, na água, no ar

Simplesmente ser mais um
No universo... perdido
Lambendo minha própria paz

Vagueio entre a paixão e a apatia
Entre o ódio e a compreensão
Em um mar de sentimentos
Revolto sem previsão

Não sei encontrar medida
O meio tom
Não sei se a alegria é um grito
Se a dor possui um som

Sei apenas viver extremos
Mergulhos na escuridão
Explodir o próprio peito
Intenso como os extremos são

Pois me angustia a leveza
De quem só conhece perdão
Dos que não pecam, cospem e odeiam
Que sempre estendem a mão

Seres do azul-celeste
De passos de lentidão
De músicas muito suaves
Monótona retidão

Que de tudo sabem a medida
A justeza da ação
As migalhas bem divididas
Sempre a buscar razão

Pois que o diabo os levem para longe
Do meu viver pagão
De choros intensos e alegrias fortes
Que me encantam a vida, repleta de emoção

Dúvidas

Não sei se quero chorar a morte
Sorrir da sorte
Buscar um norte
Ou simplesmente ficar a olhar

A contemplar as cenas
A conferir os fatos
A observar a natureza humana
Perplexa diante do que não domina

Não sei se quero sentir saudade
Se me arrebento de alegria
Se fujo das sensações
Se tento achar verdades

Não sei se quero saber das minhas vidas
Uma real e vivida
Outra
Sentida

Não sei juntar-lhes as medidas
Dar graça à moça esculpida
Desenhar a dor sentida
Olhar, no nada, a vida

Não sei entender o momento
Se me avizinha um sofrimento
Apenas um doce tormento
Ou se é melhor só viver

Presentes para mim

Da caixa dos presentes
Retirei alguns
Que a deusa da bondade
Um dia
Resolveu regalar-me

Seriam meus e eternos
Tratando prazeres sinceros
Como bobagens mundanas

Chegaram com celofanes e fitas
E embalavam montanhas, castelos de
aconchegos
Para afastar minhas dores

A caixa era só de desejos
Muitos presentes singelos
Mas todos guardados para mim

Eu os tomei cada um
Embora só fossem desejos
E os transformei em alegrias

Com eles afastei a tristeza
Perversa
Que ainda restava em mim

Minha deusa da bondade
Sabe de mim cada parte
E quisera eu retribuir
Na medida da sua grandeza

Mas, pobre discípulo, não sei fazê-lo
Atrapalho-me com carinhos
Mal eu sei falar baixinho
E muitas vezes nem sei sorrir

Alegro-me em silêncio
Na paz que o presente traz
Na certeza das carícias
Que essa deusa me faz

A deusa e os monstros

Minha deusa dorme comigo ao meu lado
E eu a tenho todos os dias
Após descansar meu cansaço guerreiro
De abater monstros terríveis
Que insistem em tirá-la de mim

Lutamos batalhas sangrentas
Não tem rostos, braços e pernas
Como os comuns dos humanos
Mas são enormes e fortes
Cinzentos, todos cinzentos e barbados

Contra eles só disponho da maestria
De forma que os possa enganar
E por fim jogá-los à morte

Mas cinzas que são, sempre ressurgem do nada
E novamente tenho que os combater
E vencê-los e vencê-los e vencê-los

Mas incansável protejo a minha deusa
E só então a possuo integralmente
Fazendo-a dormir em mim

Às vezes ela desperta, me faz café
E acaricia-me as costas para que eu volte a
dormir
Mas me aborrece também com queixas e
coisas do dia a dia

Torna-se real
Deixando de ser deusa por instantes
Faz de mim um ser comum

Por isso a prefiro em meus sonhos
Quando retoco suas pequenas imperfeições
E a tenho como quer minha ilusão

Ainda que isso me custe lutas
Que me enfrente com meus monstros
E a cada um tenha que vencer

Desejo

Quero te ter toda nua
Pele clara
Alma crua

As curvas quase perfeitas
Pelos negros
Coxas de bolinar

Teu corpo leve e ligeiro
Seios a apontar
Para sonhos e devaneios
Desejos de amar

Os cabelos caídos nos ombros
Teu suave caminhar
Braços soltos, ombros retos
Gestos... teu cativar

Teus olhos meu tormento
Boca de sussurrar
Os lábios entreabertos
Meu desejo de beijar

Percorrer o teu caminho
Suavemente deslizar
As linhas do teu dorso
As ondas do teu descansar

Tomar teu corpo de frente
Mistérios desvendar
Correndo a língua em teus seios
Aos pelos rangendo encontrar

O teu calor adentro
Gemidos do teu calar
Tendo você toda nua
Dormir e depois despertar

Sentir tua alma crua
Desejo de te amar

Minha arte

A arte que me entorpece
É a arte que sei fazer
A minha expressão do belo
Perfeito no simples ser

E se me escorrem as linhas, as palavras
Se rimas não sei fazer
Se mal rabisco poesias
Pouco importa ao meu dizer

Do meu jeito moldo formas
Esculpidas no prazer
Da arte pela arte
Que razões não há de ter

Mas se me olhas com carinho
Na arte que sei fazer
Encontrarás toda nua
A alma do meu ser

As cores talvez denunciem
Ou as curvas sem refazer
Ou mesmo o amargo dos versos
Os vestígios do meu viver

Barro moldado em formas
O abstrato querer
Asas de um sonho alado
Absurdos que penso ver

Nas formas da minha arte
Fugas do meu ser
Sorrisos dos meus sorrisos
E as lágrimas sem verter

E se nada vês de arte
Na arte que sei fazer
Não digas que me encontraste
Porque sozinho me basto nas formas
do meu viver

Dois em um

Quem nunca foi piegas?
Quem nunca foi estupidamente ridículo?
Quem nunca se viu exuberante?

Quem nunca morreu de medo?
Quem nunca sentiu vergonha?
Quem nunca se viu herói?

Quem nunca se arrependeu?
Quem nunca foi canalha?
Quem nunca se viu um santo?

Quem nunca mentiu, escondeu?
Quem nunca desejou o proibido?
Quem nunca se sentiu feliz?

Pois assim somos nós
Porque vivemos em dois

O que somos
E o que desejamos ser

Com um, somos entre outros
Com outro, somos a sós

Palhaços da mesma comédia
Tragédia de todos nós
Vivemos sempre querendo
O outro que está em nós

Mas se agora cansei
Querendo ser um só
Qual serei?

A paz dos razoáveis?
A glória da insensatez?

Dúvida que atormenta
Ao se querer ser um só
Pensar em ser corda lisa
Se não passamos de um nó!

Dualidade

Tenho a luz da esperança
Um cheiro de passado
Um pote de lembranças

Um amargo de saudade
Um doce crer em fazer

Uma lágrima na fronte
Um moleque piscar de querer
Um sol no horizonte e lua de anoitecer

O cansaço do amante
Confiar sem nada ver

A alegria vibrante
Descaso do já saber
Torcendo ir adiante aquilo em que não se crê

Temperança e rompante
Gozo e sofrer

Inocência tolerante
Fingindo não saber
Tentando fugir da dor que se esconde no prazer

Pois assim é neste instante
Como sempre foi viver

Caminhar

Aqui, ali
Hoje, ontem... nem sei
Confesso que não vi
Os caminhos que andei

Apenas descobri que doei
De mim cada pedaço
Sem perceber que se foram
No caminhar dos meus passos

Mansos, independentes
Despregaram-se de mim
Andando simplesmente
Conduziram-me assim

E sem que pudesse sentir
No caminhar que me faço
Descobri que me perdi
No andar dos próprios passos

Hoje não sou mais de mim
Acho-me de quando em vez
No som, no tom, na cor
Na melodia talvez

No mundo das sensações
Quando a razão não tem vez
Mas onde encontro sentido
Nos passos que me andei

Loucura

Ponho-te a faca no peito
Para que encontres um jeito
De te entregares a mim

Pois a ti não dou mais tempo
De prosseguir resguardada
Nessa clausura de afeto

Não espero um só momento
Não quero mais compreender
Se no teu jeito fechado renegas o meu prazer

Louco e incontido
Sem domar os meus sentidos
Irei a faca correr

No horror que tu desejas
Que eu consiga fazer
Cortarei de ti amarras que insistem em te
prender

E quando por fim te entregares
Fingindo teu não querer
Sentirei aliviado que te matei de prazer

A dor

Quando o coração repousa assim...
intranquilo
Débil, frágil e quebradiço
Carente de ninguém
Necessita apenas de um silêncio fundo
De uma razão, talvez, para bater
Nada mais

Dor, dor, dor que o golpeia
Que o atinge indefeso

Covarde dor que rasga a carne
A destronar realezas de prazeres fúteis
A afastar a saga dos heróis
A enfraquecer a brutalidade do algoz
Até tombar a vítima, por fim, com seu capricho

É quando não se pode sequer recorrer a Deus
Perdido nas ladainhas, nas orações

E só resta então pedir clemência
Alívio do sofrimento
E se nada demais houver nisso,
Que se tenha outra chance
Para tentar o céu dos puros, a leveza dos leves,
A transparência das almas bondosas

Talvez assim se consiga renascer redimido
Para outra vida de enganação

Escolha

Não quero ter a rotina
Transformar a descoberta
Em um sempre fazer igual

Tornar-me um ser comum
Fazer do beijo mais um
Largar-me da emoção

Quero cuidar da beleza
Surpreender com meu perfume
Nunca acreditar que a tenho

Quero o prazer da conquista
Em cada dia um olhar
Incansável cativar

Sentir uma angústia leve
Ao dizer um até breve
Com medo de não voltar

Não quero a vida que é certa
Que me costuma cansar
Ao me fazer sempre igual

Pois que prefiro o desejo
De quem precisa encontrar
Do que viver na penúria de saber que vai achar

Cristal

Sou cristal de vidro fino
Vidro fácil de quebrar
Vidro fino e transparente
Que a luz deixa passar

Preservo-me a cada momento
Com medo de me partir
De me fazer em pedaços
Partindo meu existir

Cabe em mim só uma flor
Flor de ornamentar
E que exala perfume
Do ambiente agradar

Talvez só sirva de enfeite
Nada mais de se usar
Porque sou vidro bem fino
Fácil de se quebrar

Mesmo assim me envaideço
Com meu pouco utilizar
Pois se sou cristal tão fino
É fácil de me vibrar

E se me vibro e enfeito
E alguém posso agradar
Esse alguém me é afeito
Sempre há de me cuidar

Esperar

Esperar é ato de fé
Acreditar no voltar
Daquele que não se vê

É delegar a certeza
Na forma do confiar
É ver no nada a beleza do momento de
encontrar

Esperar é ter coragem
Crer em não sofrer
Pensar que a distância só brinca com nosso
imenso querer

É carregar uma cruz
O medo de perder
Acreditar na tênue luz que só ao cego cabe ver

Jogo de cartas marcadas
Quem sempre acredita vencer
Com receio do azar que o jogo costuma trazer

É sorriso de tensão
Ouvir que não vai esquecer
De quem desconhece o destino que lhe
promete trazer

E assim é esperar
A certeza sem saber
Fazendo-se acreditar no que não se pode crer

E a quem cabe esperar
Prepare seu renascer
Pois tanto pode celebrar como, talvez,
padecer

No jogo da esperança
No esperar que é crer
Na certeza que dê certo... só o incerto de ser

Luto

É preciso viver o luto
Como se a morte houvesse
Mesmo que só de dor
Seja o porquê se fenece

Como o fim de uma paixão
Esse mal que enlouquece
O partir sem ver razão
De alguém que não se esquece

Deixar para trás sem querer
Chorar um choro perdido
Fazer poema de amor
Não encontrar sentido

O amargo da solidão
O doce tempo perdido
O beijo, o abraço, as mãos
Lembranças do gozo gemido

O luto é assim simplesmente
Vazia sensação
Da presença do ausente
Da vida vivida em vão

O negro
A sombra
A dor
O luto é assim simplesmente

Lamento

O que se há de fazer
Se acabo de me conhecer
E já não preciso de ti?

Agora que me tornei completo
Que já não sou mais metade
E tua função terminou?

Pois pensei que o que buscava
Apenas em ti encontrava
Aquilo que, na verdade, estava dentro de mim

Mas eis que já sou proprietário
De minha própria emoção
Medos, desmandos, razão

Já sei o que querer
E até como fazer
Para, por mim, ser feliz

Por isso o meu lamento
Se em mim achei alento
Despeço-me, então, de ti

Leve viver

Aprendi que a dor passa
A paixão não mata
O amor é eterno
O casamento é de terno

Que não adianta sofrer
Que sempre se vai morrer
Que o bom deve-se levar
E lamento se lava ao chorar

Aprendi o bem viver
A alegria do querer
Aquilo que posso alcançar
Com o resto não me importar

Descobri a beleza do sol
A utilidade da chuva
O vinho da boa uva
Meu eterno bronzear

Não antecipo a angústia
Sobrevivo com certa astúcia
A correr para quem busca
O gesto de abraçar

Compreendi o valor de um sorriso
A importância da compaixão
A buscar nas coisas o sentido
E desprezar a razão

Que a flor tem seus motivos
Os pássaros o seu cantar
A água adoça-me o ouvido
Que a vida é devagar

Enfim aprendendo a viver
Sinto-me mais ausente
Dessa loucura de mundo
Que tenta nos enganar

E assim me vou levando
Deixando o tempo passar
Vivendo uma vida leve
Que ao vento cabe soprar

Secreto prazer

Sou eu quem me dá prazer
na cama
Envolta em meus lençóis
Que acobertam a chama da paixão que me
corrói

Sou eu quem me dá prazer
Quando sozinha me toco
Quando meu próprio gemido
É o grito que sufoco

Sou eu quem me dá prazer
Quando me contraio sofrida
Na solidão da paixão
Que me faz entorpecida

Pois comigo sou mundana
Liberta da razão
Oceano de desejos
Que realizo nas mãos

Até relaxar solteira
Meu corpo em exaustão
E me cobrir de saudades
Do que não tocam as mãos

Tatuagem

Sou eu que te digo verdades
Quem te sussurra ao ouvido
Com quem divides o leito
E escuta teus gemidos

Mas nem por isso me pertences
Nem me tens como cativo
Pois que a posse acorrenta
Tira de nós o sentido

Melhor que possamos vagar
Cada qual o seu caminho
Na busca de preenchermos
O nosso eterno vazio

Que nunca se completa
Nem nunca encontra o destino
Já que viver é voar
Eternos estranhos no ninho

E se em ti me aconchego
Fazendo repleto o vazio
Bem sei que não sou eterno
No aquecer do meu frio

Então acoberta-me agora
Nesse inverno de passagem
Até um momento incerto
Quando serei tatuagem

Chaga

Sou assim em carne viva
Ferida aberta
Dor que alucina
Chaga em vida

Dói-me o sopro do vento
Num frio que me arrepia
No inverno tão intenso
Que só a mim esfria

Ferem-me as palavras
Ditas assim evasivas
Que me avassalam a alma
Pedinte de uma razão

Incapaz de compreender
Na sombra da solidão
O teu jeito de ser
De escolher viver em vão

Cansada de sentimentos
Sofrida
Exausta de emoção
É assim a minha alma

Viva em carne viva
Exposta ao tempo
À própria vida
Vazando, no rasgo da minha ferida

Palavras

Quem conhece da palavra
A pura razão de ser?
A força que lhe pertence
A importância do dizer?

Palavras ferem ou matam
Podem trazer prazer
São mensageiras certeiras
Do bem ou do mal dizer

São como fios cortantes
Rasgos que vão fazer
Cicatrizes na alma
Daqueles a quem dizer

Palavras vagueiam no vento
Falam o que não querem dizer
Ou dizem de outro jeito
Aquilo que deve ser

Não são junção de letras
Guardam sentido no ser
São armas poderosas
Ou instrumentos de prazer

Por isso as cuido tanto
Falando o que deve ser
Limpo, reto e ligeiro
Tentando não perder

A essência de minha fala
Minha intenção ao dizer
Para te teres distante
Ou acariciar teu viver

Exílio

Nasci no exílio
Afastado dos cantos da minha terra
Porque um algoz terrível
Podava brotos, deixando relva

Ali me criei olhando os horizontes
Sucessivos passar de dias
Que atento eu percebia
Pelo esquadro da janela

Tive sonhos e esperança
E embora muito criança
Via-me n´algum outro canto, um dia,
Finalmente a repousar

Cansado do exílio e do tormento
De medos e de ventos
Buscando me agasalhar, proteger
Retornar a um lugar, meu

Nasci no exílio, mas não me exilei
E hoje descanso no chão que sonhei
Sem medo de almas alheias
Desabrochando sem poda, por fim em flor

Meu algoz partiu, ferido
Talvez sem ter percebido
Que seu tempo passou, a máscara caiu
E com orgulho esfacelado, se fez cinza, um nada

E eu pude finalmente nascer para uma nova vida

Encontro

O orvalho do teu sexo
Que umedece-me a mão
Autoriza meu desejo
Entorpece-me a razão

Provo, depois, do teu peito
Delicado, enrijecido
Tal criança enfeitiçada
Que testa os frágeis sentidos

Toco teus lábios com os dedos
Sinto-te o cheiro
Percorro teus traços na face
Perdido no meu querer

Mais perto acaricio-te inteira
Conhecendo pelo tato
Cego buscando luz
Nos caminhos que me acho

Tuas vestes
Que te despem
Jogadas aos teus pés
Submetem-me a ti

E então,
Enlouquecido,
Observo-te inteira
Até, por fim, internar-me em ti

Cartas Poéticas

Rio de Janeiro, 31 de março de 1965.

Amigo Alexandre,

Tomei uma decisão e queria que você fosse o primeiro a saber ou a ter contato com ela. Por isso envio esse calhamaço de escritos, alguns poucos que você já conhece, muitos que você nem imagina. Inspirou-me a decisão de mostrá-los, abri-los, o fato de vivermos este terrível período de silêncio obrigatório, instituído por homens brutos, embora meus escritos nada tenham com questões de natureza política... muito pelo contrário. Mas, se já não posso falar mesmo sobre as questões rotineiras (eles não deixam!), por que não falar o que já falei sobre coisas não rotineiras? Esses textos foram "falados" às escondidas, exatamente como os donos do poder hoje gostam. A maioria são poemas que gostaria que você lesse não com o rigor do grande poeta que é, mas com a gentileza do mestre que olha a obra do aprendiz.

É apenas uma coleção de poemas colecionados no tempo.

Horas que me doei para reflexão sobre fatos, situações, pensamentos apenas.

Os poemas não são construídos caprichosamente.

Simplesmente nascem de um fato natural, muitas vezes dolorido, mas que nem por isso deixa de dar prazer. Como um parto!

Imagino que, nascendo de partos, também sejam frutos de processos lentos de gestação, inconsciente, que não cabendo mais na alma, em determinado momento são expulsos após uma contração que os expelem em palavras.

Não fosse isso, não nos daria tamanha sensação de exaustão, cansaço alegre, depois de "paridos". Passam então a ter sua própria existência.

Tive sobre eles, muitas vezes, o olhar crítico de pai severo. Em outros momentos, um orgulho imenso de terem vindo de mim.

Guardei-os por tanto tempo, imagino, por saber que tinham exatamente a minha cara, desnudo das máscaras de papéis vividos.

Vê-los e lê-los é ver e ler meus pensamentos e obras. E lá se vão meus personagens!

Quantas vezes me perguntei se seria eu um poeta e quantas vezes tive a certeza que não! E mais me convencia do meu ser não poeta e mais guardava minhas crias literárias.

Vergonha ou medo? Não sei e tanto faz...

Até que meu momento chegou, este, em que me nomeio poeta, tomo posse e abro as portas para que meus rebentos se ponham ao mundo, totalmente expostos aos olhares duros dos que frequentam o mundo dos homens.

Os cabelos brancos parecem trazer a coragem inconsequente dos jovens. Por isso, destemido, exponho minha suposta obra numa oferta franca.

Fiz o que estava ao meu alcance e, por isso, para mim é o melhor.

Enganam-se os que pensam que para cada texto, cada poesia, existe um viver real. Como se a vida fosse só um viver real...

O real da vida são seus fantasmas, pensamentos, ilusões, sonhos, lembranças, transferências, conclusões passageiras sobre alguns viveres concretos, nada mais.

Por aí vagueiam os poetas, penso eu, lendo essas coisas e falando delas.

Sabe-se lá de que mundos submersos nasce a inspiração. Ela simplesmente chega em uma forma, uma cor, uma palavra, um objeto, enviado por um Deus mitológico passageiro que nos faz de intermediários.

Assim são os textos que lhe envio, sem retoques, como gosto, na forma em que essas forças estranhas os trazem ao mundo através de mim.

Demorei a ver-me na essencial ambiguidade humana. Como se fosse um desvio incoerente. Até entender a verdade de sermos muitos em um só.

Agora tiro e reponho as minhas máscaras e sigo vivendo meus papéis em paz.

Um abraço carinhoso do amigo,
Mio Zoé.

Rio de Janeiro, 17 de janeiro de 1942,

Meu caro Dionisio,

Há tempos não falamos. Tenho andado às voltas com textos para publicar, sobre coisas que não me interessam muito, mas das quais dependo para sobreviver. Somos todos dependentes, certo? Menos mal que eu dependa da minha cabeça, meus dedos nessas teclas, da minha imaginação. Com isso, engano-me que sou livre...Tenho pensado sobre essa coisa de escrever, prezado amigo. Cheguei à conclusão que os escritores e os poetas escrevem, na verdade, para si mesmos. Escrever é um ato narcísico, concluí. Tecemos as palavras até lhes dar sentido, mas rebuscamos o texto, fazemos rimas, de alguma forma buscamos ritmo no dizer. Somos a um só tempo escritores, poetas, compositores. No fim, tal qual pintores, ficamos a olhar a obra e vemos nela as cores, as mensagens, os sentidos que se escondem por trás dos traços. Terão as palavras todos esses poderes, de fato? Terá um quadro tudo aquilo que o pintor imagina ter? Não sei, não sei. Mas para o autor da obra tudo isso está claro, está dito... quem pode não ver? Por isso digo que penso, ultimamente, que na verdade escrevemos para nós mesmos, para nos olharmos em um espelho de papel e nos acharmos lindos. Se não gostamos, zangamo-nos com o espelho e desdenhosamente o lançamos à lixeira, como se ele sim fosse culpado por não reconhecer a beleza da obra. Você o que pensa disso?

Do mais, sigo...Mande um abraço para Marilia e não deixe de me responder.

do amigo, Mio Zoé

São Lourenço, 16 de maio de 1942.

Meu prezado Mio Zoé,

Escrevo sob um manto de flores que recobre a cidade nesta época tão linda e, para mim, tão sofrida. Não sei se podes me aconselhar ou apenas me escutar diante da indecisão em que me encontro, depois de um acidente inesperado em uma dessas brincadeiras de amor.

De todo modo, agradeço o tempo que me reservas, lendo esses rabiscos que não são mais que desabafos, creio eu.

Acho que não te havia dito de uns flertes descompromissados que vinha mantendo com uma jovem linda, logicamente às escondidas de Amália, minha esposa, em um café de canto de rua, próximo à praça central que conheces bem. Nesses seis meses de encontros que mantivemos, as coisas foram longe! Pois bem... apaixonei-me, como já deves ter concluído.

Meu caro Mio... quanto sofrer traz a indecisão!

Sinto que as rédeas da vida me escaparam, de forma tão evidente que já não consigo esconder dos colegas da redação, quando me indagam sobre as razões do meu silêncio e abatimento.

Tenho produzido pouca coisa de valor para o jornal local e nada para àqueles em que escrevo como colaborador. Falta-me o que dizer já que tenho a cabeça ocupada por pontos de interrogação.

Não vou explicar detalhes, pois as folhas que disponho não seriam bastante e, acima de tudo, não acredito que essas coisas se expliquem. Aguardo tua visita, agora que sabes da angústia em que me encontro. Venha estar conosco no próximo feriado e reserve toda uma tarde para conversarmos. A sós. As linhas abaixo foram escritas na última madrugada, quando a insônia fazia os ponteiros do relógio se arrastarem bem lentamente.

Não sei se quero chorar a morte
Sorrir da sorte
Buscar um norte
Ou simplesmente ficar aqui a olhar

A contemplar as cenas
A conferir os fatos
A observar a natureza humana
Completamente incapaz

Não sei se quero sentir saudade
Se me arrebento de alegria
Se fujo dos sentimentos
Se tento encontrar razão

Não sei lidar com duas vidas
Uma real, vivida
Outra que me acossa
Com a verdade sentida

Não sei juntar as medidas
Dar vida à moça esculpida
Esculpir a dor gemida
Buscar, do nada, a vida

Não sei viver este momento
Se a um compete sofrimento
A outro um doce gozar
E a mim... decidir.

Um forte abraço do amigo,
Altamiro

Belo Horizonte, 21 de abril de 1946.

Prezado amigo Mio Zoé,

Há tempos culpo-me por não lhe enviar notícias minhas, sem responder a última (e gentil) carta que me escreveu. Mas tenho andado assoberbada com afazeres domésticos e os preparativos da festa de noventa anos de minha tia Nina. Vou lhe remeter o convite em breve, mas desde já aviso que não aceitarei desculpa alguma para que não compareça. Faremos um belo jantar no Solar das Águas, o mesmo lugar da festa de papai, em que você esteve, e quando tivemos aquela noite muito agradável de prosa, falando de música e literatura, bem acompanhados de vinho branco. Desde então, não me recordo de ter me divertido tanto. Não me sobra tempo para nada, embora não saiba explicar as tantas miudezas que me fazem perder o dia. São tantas, que quando vejo o anoitecer me sinto cansada, desanimada, sem entender muito bem como fui capaz de deixar o dia escapar entre os dedos, dias, aliás, que andam lindos, já temperados com aquele friozinho seco que tanto me encanta.

Fiquei muito lisonjeada com as poesias que me enviou e sempre que consigo comprar jornais do Rio de Janeiro busco, ansiosa, por sua coluna. Ler seus escritos me alivia um pouco a falta que me faz não ter alguém com quem possa desabafar, aconselhar-me, ou mesmo me alegrar em poder contribuir nas horas de angústia de um amigo. Confesso também que, além dos afazeres, muito me inibe procurá-lo, seja por carta ou outro meio qualquer, embora sua sutil gentileza sempre tenha me demonstrado a abertura que tenho para isso. Não sei por que sou assim! Tenho a cabeça cinquenta anos à frente e os pés cinquenta anos atrás! Revolto-me com a censura social que vigia os passos das mulheres de forma implacável, fechando os olhos para os ambientes dos bordéis que acolhem os senhores da sociedade. As amizades entre homens e mulheres um dia serão entendidas, eu espero, e não precisarão acontecer, como hoje, sob as sombras da desconfiança ou da vigilância social que nos imputa pecados antes mesmo que possamos tê-los. Mas não me liberto e essa culpa me persegue quando penso em caminhar meus próprios caminhos. Parece que me plantaram uma semente de incertezas, que se fez brotar incontrolável por dentro de mim. Pensei mesmo em procurar uma medicina que pudesse me liberar desse mal que não é físico, mas tanto me angustia. Não sei se por aqui haveria algum doutor com lidas nessa área. Até isso tenho inibição de buscar. Não me imagino corajosa bastante para relatar a um senhor, médico que seja, os meandros de minha intimidade, o manancial de desejos que me atormenta a mente. Que haveria ele de pensar de mim? Enfim... sigo com saudades suas, enclausurada em minhas dúvidas, mas sempre cumprindo meus deveres. Noite dessas, me peguei escrevendo sobre isso, fazendo poesias íntimas, dessas que guardamos para nós mesmos, nas caixinhas de joias cujas chaves mantemos secretamente. Acredito que pessoalmente não conseguiria mostrar-lhe sem me ruborizar, mas valho-me da distância para enviar uma cópia que fiz. Por favor, não me julgue por comportar-me como uma adolescente a fazer versinhos. É apenas um desabafo que tive com um amigo que sempre me acolhe também... o papel!

Sombras que me atormentam
Na penumbra do meu quarto
O passado que não larga
O vigiar de meus passos

Fantasmas que vagueiam
Os porões do meu fracasso
Correntes que transformam
O caminhar em cansaço

Mas há de chegar o tempo
Tempo de libertar
As amarras do passado
Que não me querem largar

Tempo que deve ser feito
Sem esperar quem me dê
A liberdade perdida
Pássaro do viver

Caminhos que se traçam
A cada um seu fazer
Para romper as amarras
Que não permitem o crescer

da sempre amiga,
Eugenia

Belo Horizonte, 17 de janeiro de 1950,

Mio querido,

Lembra-se? ... Assim me referia a ti – mio querido – zombando carinhosa da oportunidade que teu nome me dava para reafirmar que eras meu. Lá se vai tempo! Havia jurado a mim mesma que não te procuraria enquanto a ferida que me marca o peito não fechasse. Mas qual... ela não fechará e quiçá a dor que me provoca possa, um dia, aliviar um pouco. Hoje deixo-me levar pelo desejo, há muito contido, de te escrever. Mio, não devia tê-lo encontrado naquele vernissage da exposição de Marilia, em novembro passado. Foi mesmo um erro ter ido, sabendo que inevitavelmente nos veríamos. Precisamos deixar que a distância faça o trabalho de nos perdermos de vista, até quando já não saibamos diferenciar o que são lembranças e o que são fantasias. Toda centelha reacende o ardor que nos fez enlouquecer durante aqueles anos. Quantas loucuras cometemos! Quantas tardes ludibriando o mundo, esquecidos de tudo que não fosse nosso prazer... Quantas... Naquele tempo, sendo cada um conseguimos ser um só. Nosso rompimento ainda me perturba e a falta de coragem de lutarmos por nossa doce verdade ainda me envergonha. Por que não pudemos enfrentar as realidades sofridas que atormentam nossas vidas? Por que não trocamos nossa rotina insossa pela alegria do amor que construíamos a cada encontro? Não sei, não sei. Não me perdoo e jamais irei perdoar-te também. No nosso encontro, na exposição, pude observar o quanto ainda temes meu olhar. Fugistes de mim fingindo buscar com os olhos alguém que sabias que não estava lá. Não buscavas ninguém, é a verdade! Apenas fugias de mim... Mas não sou menos culpada, eu sei. Provoquei-te todo o tempo mas com a alma em sobressalto, temerosa que viesses até mim. Fiz de Rodolpho meu escudo sem, de fato, envergonhar-me de tê-lo usado em minha proteção. Por Deus, eu te confesso, jamais senti-me traindo Rodolpho, nem mesmo quando vivíamos o auge de nossa paixão, antes que as dúvidas e os medos nos atormentassem a razão. Essa razão que não sei para que serve, quando o sentimento parece ser a única coisa que nos faz real. Talvez a certeza da honestidade do amor que vivíamos me limpe as culpas. Do passado, só nossas lembranças me ficaram, nada mais. Romper nossos laços trouxe-me a dor da saudade e a certeza do vazio de meu casamento. Hoje, sinto-me exilada da vida, fugitiva de um lugar onde parece não mais poderei retornar. Não sei se um dia vamos refazer nosso encontro. Temo que nas coisas do amor não se façam remendos. Vivo entre a ilusão de reviver sensações perdidas e a certeza que nossos corpos e almas guardam cicatrizes que não nos escapam ver. Na poesia que ora te envio, e que nunca fui capaz de mostra-te, relato a dor e o amor que se misturam nos romances proibidos. Tal como sentia! Algo quase doentio. O convívio de sofrimento e prazer em um só sentir que nos captura, prende e nos deixa sem forças para desejar a liberdade. Tome a poesia como um depoimento sobre o meu querer por ti... um testemunho do que se sente quando a razão se esvai. Talvez assim possas imaginar o vazio que construímos ao nos negarmos um ao outro.

Não me alongarei mais nessas palavras.

Não sei se quero que respondas esta carta. Se resolveres fazê-lo, remeta ao velho endereço que usávamos. Ou então apenas guarde contigo este desabafo.

Meu homem vem assim
De vez em quando

Vem a mim e me pertence,
Sempre

Ele é assim e eu o acolho em meu acalanto
Sua presença me faz eterna e me conforta

Quando ele vem me armazena
de amor e de carícias
E deixa em mim sua presença, embora ausente

Tenho seu corpo todos os dias
Como se fosse verdade
Mas não é

Meu homem vem assim
De vez em quando
E eu o espero na paz dos ansiosos
Na avidez dos amorosos
Dos amantes escondidos

Ele sempre me traz carícias
Colhidas do semeio de sua ausência
E elas são coloridas e belas
Porque me trazem felicidade

Seu campo floresce quase o ano inteiro, pois
seus invernos são curtos
E quando sei que nele se faz inverno
Recolho-me e protejo no calor das lembranças
E aguardo que o frio e a chuva se vão

Às vezes me amarga o peito
Às vezes me deixo chorar

Mas meu homem é assim e sempre volta
Então me traz paz e carícias
Colhidas nos campos de sua ausência
E elas são coloridas e belas
Porque me trazem felicidade

E assim é meu homem
De vez em quando
Sempre

Rio de Janeiro, 13 de junho de 1952.

Dear Salomé,

Minha doce amiga. Sabes que te aguardo ansioso. Sei que imaginas o quanto me fazes falta, mas mesmo assim não perdes o gosto por viajar sempre, deixando velhos amigos, como eu, privados de tua deliciosa companhia. Amo teu espírito de aventura, de desbravadora, esta inquietação que te faz zanzar a alma por cantos distantes, a conhecer novas culturas. Mas irrita-me pelas constantes ausências. Nos meses que te afastas parece que mais novidades acontecem, privando-me de compartilhar contigo alguns dedos de prosa. Vingo-me dizendo que neste último período de tua ausência, tive a felicidade de apreciar belos espetáculos no Teatro Municipal, descobrir livros interessantes chegando às bancas e algumas exposições de jovens pintores que têm se arriscado em novos traços, sobre os quais não conclui ainda se bons ou ruins. De toda forma, a vida cultural pelos cantos de cá também se agita! Claro que ainda não chegamos ao glamour do velho mundo, como nas tuas origens, mas já ensaiamos como um povo com uma ponta de polidez, se me permite o dizer. Espero que breve estejas de volta ao nosso convívio e possas conhecer uma bela casa de chá que recente se inaugurou perto do prédio do Senado, na frondosa Avenida Rio Branco, com uma bela vista da Baía de Guanabara, que se deixa olhar da varanda superior e onde terei o prazer de te levar para que me contes, com teu constante sorriso contido, as belezas que descobristes nessas andanças de agora. Enquanto não retornas, e para que de mim não esqueças, resolvi presentear-te com o texto que segue abaixo. Fi-lo melodioso, com sutilizas de brincadeiras, um tanto "poliglota", para provocar-te, um pouco para apaziguar a angústia que me acometeu após visitar nosso amigo Salgado, em uma clínica de repouso em Santa Teresa, onde dizem que os ares fazem bem à saúde. Saí entristecido ao vê-lo sofrido e cabisbaixo, maltratado pela doença que parece comê-lo pelas vísceras. Não saberei dizer sobre o seu mal, pois, não sendo eu um membro da família, as enfermeiras se limitam a dizerem coisas evasivas. Disse-me o próprio Salgado que os médicos desconfiam que a origem de sua tosse incessante e da palidez que o tinge de fantasma, seriam os charutos que sempre lhe deram prazer e o excesso de Bourbon, do qual, como me disse, não pretende abrir mão quando retornar desse exílio. Lamentou-se também por ter interrompido seu segundo romance, que disse estar em fase final e que, inclusive, já havia obtido o compromisso de ser editado numa tipografia da rua do Lavradio. Muito triste. Mas voltando ao texto com que ora te presenteio, refiz a primeira escrita, tentando tirar o tom amargo da versão original, contaminada pela visita ao Salgado. Fugindo da amargura do tema, resolvi reconstruí-lo melodioso (assim me parece) e um pouco brincalhão, salpicado de palavras do teu linguajar e que te fazem sempre uma estrangeira. Leia-o, pois, com aquele ritmo com que me zombas, quando finges transformar nossa conversa em uma cena de musical, desconstruindo meu jeito sisudo de ser.

Receba meu abraço saudoso e espero que aprecies o meu...

Mio

... "MONÓLOGO EM MELODIA"...

Vivemos / lutamos / na busca fatal do ponto final. No ponto / da vida o descanso / do cansaço da vida / o final. E marca-se ponto / dia após dia / sem ser o final / por ser outro dia / jour or day / this is not more important. And I love / simplesmente je t´aime / e é preciso sempre amar / porque o ponto / só ele / sabe o dia, a hora, o lugar e o final. Do resto / pouco importa / a não ser o cansaço / que é preciso se ter / para ser bem vivido / nessa vida de pontos / interrogativos quase sempre / e final une fois seulement. Beautiful life poliglota de línguas e sentimentos/ que morre em um ponto / final / point final / simplesmente um basta. E vive-se a vida / e ama-se a luta / mas se a luta é a vida / ama-se o quê? / Não sei, sei de mim / aprendi que só a nós é que cabe saber. Não é lógico / teórico / empírico ou experimental / mas vale até quando / o tempo durar / ou que prove o contrário / até antes do tempo / do ponto final. E assim eu sou eu / na luta da vida / perdendo essa briga / não sabendo brigar. Mas ganhei tantas outras / que é preciso ganhar / para lamber a ferida / de quem acabou de apanhar. E assim junto pontos / que com mais outros pontos / tecem ponto a ponto / o tricot da existência / que acaba no ponto / quem sabe no próximo / no ponto final. E é assim que será / beucoup de temps / porque é preciso cantar / para soprar a existência / com um pouco de calma / de sorte e clemência / de sonho e esperança / mais c´est nécessaire chanté / não pergunte por que / olhe bem para você / só tristeza não basta / essa vida se gasta / no prazer de viver. Mas e eu que não via / e passei sem cantar / já cansei de chorar / mas agora sequei / e meus lábios racharam / só porque lhe acharam / em um sorriso brutal. E novamente quis crer / sem saber nem por quê

/ numa ânsia sem freio / eu senti o que veio / e caí nos seus braços / me envolvi no seu laço / e morri nesse ponto / sem saber desse ponto / se será o final.

São Lourenço,
11 de junho de 1951.

Meu caro Mio Zoé,

Faz-me falta sua companhia mais frequente. Desde que se tornaram raras suas vindas a São Lourenço, mais raras ficaram também minhas idas aos cafés da cidade. Sentar-me à mesa sozinho dá-me um certo sentimento de solidão, de abandono. E não é bom estar à mesa de um café acompanhado de quem não se tem certa intimidade, com quem não se possa dar-se ao luxo de confidências. As conversas tradicionalmente masculinas parecem que caem melhor às mesas de bar, adequadas aos assuntos mundanos e ao gargalhar largo dos piadistas. Não fazem meu gênero, mais reservado, tal como você. Por isso me fazem tanta falta suas visitas.

Tenho preferido, ultimamente, sentar-me em uma das praças a "lagartear" no sol do inverno, que aquece sem incômodo. O inverno por aqui é sempre rigoroso, desde nossa infância. Leio os jornais muito rapidamente. Prefiro as colunas assinadas, pois de resto parece-me que as coisas só se repetem, como em um viver sem criatividade. Depois ponho-me a pensar sobre coisas as mais diversas, mantendo um monólogo que, acredito, em algum momento há de me denunciar pelo movimento dos lábios ou algum gesto digno de uma boa discussão. Alguém, ao ver-me, há de ter-me como louco qualquer dia desses.

Nessas últimas manhãs em que aqui me ponho, na Praça das Acácias, a beber do sol, venho refletindo sobre o tema do "acaso". O assunto me veio nesta semana, desde quando o velho Antônio Bevilaqua, que você bem conhece, me falou sobre fatos que repentinamente mudaram sua vida. Relatou-me como tudo antes andava sob seu controle e agora fugia-lhe a vida entre os dedos, sem que encontrasse a razão das ocorrências que causaram tantas mudanças. "Foi o acaso!", dizia-me ele.

Meu caro Mio, já parou para pensar sobre isso? Pois creio que me interessei no assunto ao constatar que tais imprevistos ocorrem com muita frequência e "acometem" as pessoas, a mim inclusive, que por isso se dizem tomadas de tal surpresa que não lhes ocorre o que fazer. Mas ao perceber a quantas isso se dá, concluo ser o "acaso" uma rotina, pois não?

Seria o "acaso" de fato um "acaso"? Ou seria o "acaso" uma rotina, como parece? Vivemos à espera do "acaso"? Seria o "acaso" o verdadeiro motor da vida? Penso eu que sem ele a vida poderia mergulhar em um imenso "sem graça" mas, ao mesmo tempo, causa-me sobressalto saber que o encanto de viver está entregue a um elemento surpresa, e isso transmite-me uma sensação de inutilidade, de incapacidade de fazer-me feliz por meus próprios méritos. Enfim... são pensamentos que me ocorrem enquanto a brisa desfaz meus cabelos nessas manhãs.

Não posso me alongar. Logo, logo, estarei caminhando para o trabalho, mas antes quero deixar esta carta nos correios, desde já provocando-o para refletirmos sobre o tema, quem sabe no Café Imperial, seu favorito!

Receba meu abraço afetuoso,
Fernando

Rio de Janeiro, 13 de agosto de 1951

Amigo Fernando:

Com alegria e uma dose de inveja recebo sua carta. Invejo-o pelo prazer de poder estar à Praça das Acácias, palco de nossas muitas brincadeiras ao tempo de infância. Saudade também do Café Imperial, que sempre nos acolheu tão bem e, de certo, meu preferido em São Lourenço. Mas outros há de haver interessantes, visto o tempo que se passou desde minha última visita à cidade. Quando for novamente por aí exigirei que me mostre as novidades locais e os cafés de sua preferência. Não vou me ater ao passado para não ser punido pela fidelidade aos amores antigos!

Por aqui não tenho tido tempo de poder usufruir do inverno, menos rigoroso mas não menos delicioso. Minha ida ao trabalho é sempre de bonde pois a distância me impede de uma caminhada. Os bondes são agradáveis pois nos permitem apreciar a paisagem. Mas não nos permitem os momentos de reflexão, como ao estar no banco da praça. Há sempre um ir e vir de pessoas que nos distrai e afugenta pensamentos.

Sobre o tema que coloca, tenho sim algo a dizer. Em algum momento essas questões já me ocorreram, mais por conta de meus próprios "acasos", como você chama. Penso que suas dúvidas pecam na origem. Pois fomos nós os homens que trouxemos à vida as noções de tempo e, principalmente, de controle. Não fosse isso, o acaso não existiria. De fato, o tempo não passa visto que o "tempo só é". Quem passa somos nós, os vivos, que passam pela vida enquanto ela só é o que é. Por que diabos achamos que a vida tem que progredir, nos trazer alegrias ou tristezas, novidades ou lá o que seja? A vida só vive! Quem constrói essas expectativas todas somos nós mesmos, quando achamos que merecemos prêmios ou castigos pelo nosso agir. Mas a vida não dá prêmio nem castigo, simplesmente porque a vida só é. Tempo, prêmio, castigo, perdão, tudo é obra nossa, construindo valores e julgamentos sobre coisas e fatos. Coisas e fatos que são só o que são. E por que diabos achamos que controlamos a vida? Ninguém controla a vida visto que ela simplesmente flui, no seu ritmo, no nascer e morrer das coisas. Nada mais. Corre a seu modo, independente de nossas expectativas. De modo que não há surpresas, não há imprevistos, não há o "acaso". Não há imprevistos simplesmente porque nada é previsto! E nada nos surpreenderá, desde que saibamos que nada podemos planejar, senão pelo mero prazer da adivinhação. No fundo tudo a vida trará a seu gosto, ao seu ritmo, seu tempo. A nós o que resta? Impotência? Creio que não. Resta-nos estarmos abertos aos fatos da vida e saber que seremos surpreendidos sempre, simplesmente porque a vida nos dá e tira a seu modo. Seremos surpreendidos pelo amor, pela dor, por novos caminhos, enfim... surpreendidos. Essa é a regra. Não controlamos o que nos será oferecido. Não há acaso, amigo Fernando. Você se enganou. Olhe a moça ao lado...talvez seja sua próxima paixão...sem nenhuma surpresa... só porque a vida assim quer. E não há nada que você possa fazer.

Aguarde-me para um café,
Mio Zoé

FIM

A poesia é algo inesgotável em suas mensagens. Por isso nunca se termina de ler uma poesia. Ela sempre se transforma, nos diferentes momentos em que é lida. Ao se revisitar uma poesia, com frequência vê-se nela o que não se viu antes, não se sente o que se sentiu antes, não se experimenta a mesma emoção. É um dizer mutante, tal como mutantes são os afetos do nosso viver!

Encerrar uma poesia
É guardar uma emoção
Arquivar uma lembrança
Dar à vida razão

Para poder ser humano
No legado do viver
Que mais parece um engano
Quando se desconhece o porquê

De se ter chorado um dia
Ou sorrido de prazer
Adornos da existência
No mais sublime do ser